Armand Namekong Fokeng

CHRONIQUE D'UNE AUMÔNERIE DOUBLE

Armand Namekong Fokeng

CHRONIQUE D'UNE AUMÔNERIE DOUBLE

Une légendaire leçon de "vivre ensemble" entre communautés chrétiennes catholiques et protestantes

Éditions Croix du Salut

Imprint

Cover image: www.ingimage.com

Publisher:
Éditions Croix du Salut
is a trademark of
Dodo Books Indian Ocean Ltd. and OmniScriptum S.R.L publishing group

120 High Road, East Finchley, London, N2 9ED, United Kingdom
Str. Armeneasca 28/1, office 1, Chisinau MD-2012, Republic of Moldova, Europe
Printed at: see last page
ISBN: 978-620-6-16861-4

CHRONIQUE D'UNE AUMÔNERIE DOUBLE

SOMMAIRE

AVANT-PROPOS

Perdu dans mes idées, j'accomplis mon devoir de répondre aux caprices d'une matrice invisible : l'inspiration. Au cœur d'un lieu sacré et assis sur un banc, commence mon voyage vers une cité connue de l'inconnue. Entre le passage des vents qui caressent délicatement ces visages des feuilles d'arbres, et les chansons que m'exécutent tous ces oiseaux, un air tout frais fait son entrée et me propose de grands récits.

Bien disponible comme un altruiste, je crée à chaque expiration un cadre de vie plus agréable pour la prochaine inspiration. Parfois joyeuses et souvent tristes, ces histoires ont élu domicile dans le recueil de mes pensées de temps en temps très dispersées. J'aurais pu dire des synonymes, mais ces histoires sont homonymes de par leur géographie unie. Les deux maisons et puis une route qui les unit de plus en plus par des histoires de différence. Et si jamais l'émotionnel qui règne en toi se laisse toucher par ces récits toujours plus vrais, très vite tu seras tourmenté au sein de ton indifférence. Il faudra alors faire des allers-retours d'un côté comme de l'autre en quête de la vérité.

D'une maison très colorée à un logis décoloré, je sens le trouble m'investir à chaque instant du quotidien. Ainsi, encré dans l'indécis, je me retire de la première et cheminant vers la deuxième, c'est tout mon être qui chante le doute. Prenant un temps d'arrêt précis, la vue d'observateur se crée pour relever avec audace les scènes de vie des deux maisons. Entre la pluie et le soleil, on voit surgir à contre temps des situations presque identiques qui engourdissent en général nos aptitudes à faire un choix.

Comme le soleil s'en est allé, non sans passer sa forte main à la rigueur même des ténèbres, alors de plain-pied nous entrons dans une série peu reluisante qui nous réclame l'accent poétique pour préserver les délicates auditions de nos voisins très distingués. Pour un devoir assez sérieux, les portent s'ouvrent sur un pays qui se complait dans ses mystères qui ne le seront bientôt plus.

CHAPITRE 1 : DIFFICULTÉS INITIALES

Il m'est donc venu à l'esprit l'idée de relater à travers une coloration personnelle les différentes scènes qui se déroulent quotidiennement dans deux familles[1] assez rapprochées par l'étendue de leurs différences. Et bien que membre adopté officiellement dans l'une d'entre elles et officieusement dans l'autre, j'ai dans un premier temps éprouvé d'énormes difficultés à remplir mon réservoir d'inspiration pour exprimer sans nul détour, toute la vie de ces familles. J'ai donc erré assez longtemps en espérant que puisse surgir de la magie providentielle, une manne spéciale et efficace pouvant débloquer ces verrous. Dans cette longue attente, j'ai dû faire face à la dure et rude épreuve consistant à parler de moi-même avec les mots justes. Je pouvais parler de choix, mais je n'en avais qu'un seul, car l'autre option si elle existait aurait fait perdre à ma pensée et à mes écrits tout le sens originel des messages à véhiculer. Il devenait alors primordial de caresser la patience dans le sens du poil pour écouter dans le silence, la voix qui ouvre toutes les voies. Jour après jour j'ai attendu que vienne s'inscrire la feuille de route sur le tableau de ma mémoire. Et bien ancrée dans cette attente, je méditais en continu pour faire parler mon intellect dans ce tournoi de belles pensées tant négatives que positives. Celles-ci étaient très singulières, car elles ont fait couler mon encre au service d'une narration efficace qui a perdu son efficience avant la lecture du lendemain. Ceci m'a fatalement conduit dans toute l'enceinte du grand royaume où des essais toujours nombreux donnent de la vie au syndrome du papier froissé.

Mes belles idées étaient bien vraies, mais vides de profondeur, elles n'ont pu avoir droit de cité au grand concert des vraies idées dont le spectacle modèle des livres. Malgré cette gamme variée de contraintes, je me devais d'écrire un livre, car la nécessité se faisait toujours plus claire en moi ; dans le silence de mon attente, j'ai fait des phrases normalement adoptables par la sémantique, mais toutefois dénuées d'âme. Bien que d'une beauté mémorable, mes textes manquaient toutefois de vie, ce qui les rendaient fades pour le commun des lecteurs.

Puis, poursuivant mon attente, un phénomène plutôt curieux se produisit en un instant. J'ai observé avec rigueur le défilé de mes pensées et sans attention particulière ; il fut si clair de constater que les unes venaient après les autres sans se soucier d'être au pas. Ainsi pouvait-on relever que ce passage était civil et contrastait avec l'armée.

---

[1] Pour parler de l'aumônerie catholique et de l'aumônerie protestante

En face de cette situation, je suis allé en volontaire pour mettre au pas toutes ces pensées qui se moquaient de la discipline.

Dans mon action correctionnelle, j'ai pu noter en un clin d'œil que mes pensées toutes s'alignaient et mon esprit alors paisible se rechargeait le réservoir. L'inspiration coulait à flots et remplissait ce réservoir au point d'atteindre le maximum. Il fallait donc le vidanger pour distribuer toute sa substance au sein des pages qui vont faire suite à ce propos dit « liminaire ».

CHAPITRE 2 : LA PRIÈRE

Une intense communion avec l'Éternel, une conversation avec Dieu. S'il, n'existe de toutes les façons aucune formule standard dans l'épanouissement de cette conversation avec le Divin, il est au moins presque toujours possible de déterminer l'origine familiale de chaque individu au moment même de sa prière. Étant en effet un langage de l'esprit, du corps et de l'âme qui vivent en harmonie avec la force suprême pour en faire une unité, les dispositions physiques, spirituelles, intellectuelles et émotionnelles qui l'accompagnaient en disent toujours très long sur l'acteur initiateur de la prière.

C'est mon voyage dans cette contrée qui m'a servi de peigne fin pour peaufiner tant bien que mal les expressions les plus marquées qui, devenant particulières, pouvaient alors constituer des indices qualificatifs de l'appartenance familiale. Dans la prière, ils reconnaissent dans leur statut de serviteurs inutiles la brièveté et la fragilité de leur existence humaine. De même, ils s'humilient devant ce grand amour non mérité qui leur est gracieusement offert. Ceux dont la hideur de la conduite les rendrait normalement indignes de les recevoir en sont naturellement plus reconnaissants. Et puisque les voies de l'Éternel sont insondables, ils ne peuvent donc résister dans l'une ou l'autre famille à la tentation de louer le Tout-Puissant par d'innombrables hymnes dont les paroles se résument en « comment ne pas te louer Seigneur ». En observant avec un œil innocent le cœur de ces personnes qui restent connectées à Dieu, vous pouvez expérimenter une grande vie, une grande paix intérieure et un grand amour habillé de sincérité et de grâce ; Ce qui vous fait ressentir votre grande humanité et tout le prix que vous pouvez avoir auprès de Dieu.

Mon voyage expéditif s'érigeait désormais en une série d'expériences spirituelles dans une famille (Famille chrétienne) qui porte deux noms suivant la situation de ses deux domiciles.

Déjà quelque peu édifié par les réalités du premier domicile[2] qui était curieusement mon domicile de naissance, j'ai jugé bon de me poser dans le deuxième en corps étranger pour y apprendre des choses nouvelles et retrouver mon équilibre tridimensionnel (corps, esprit, âme).

Au cœur du silence de ce monde qui se trouve perturbé par des cataclysmes toujours plus nombreux, malgré des efforts combinés çà et là pour la résolution, même l'homme athée est emmené à se frayer un chemin pour demander à Dieu (être suprême créateur du ciel et de la terre) du secours. Répondant à ce signal d'alarme et à ces cris de cœurs affligés, ce dernier peut

[2] Aumônerie catholique

redonner de la quiétude dans des pays. Dans ce cas, le bonheur et la richesse prospèrent en conduisant inévitablement les citoyens dans un état d'indépendance, une situation d'autonomie qui leur donne de croire qu'ils n'ont plus besoin de personne et que tout, absolument tout dépend d'eux. Ils n'ont pas tort de le dire ainsi, car, au-delà de leur prière acharnée, ils ont travaillé aussi intelligiblement pour atteindre ce but.

Alors le train de vie se poursuit dans un pays très paisible où nul ne pense avoir des comptes à rendre à qui que ce soit. Les réjouissances se font grandissantes pour célébrer les réussites et tout se déroule à merveille comme sur des roulettes. Puis vient un jour où, de bonne heure, les hommes découvrent avec stupeur qu'un citoyen s'en est allé, et ce, pour l'éternité. Assez touchés, ils se lamentent en quelques heures et se réfugient dans un sanctuaire de consolation où il est dit avec insistance que la vie n'est jamais faite qu'ainsi. Et ainsi, tout ce qui est aujourd'hui ne sera plus demain. Après cette étape de ce sanctuaire, ils la retrouvent avec vigueur dans une joie de vivre encore accrue. Le rythme de vie précédent reprend son cours en s'intensifiant dans les progrès relevés pour tous les domaines de la vie courante. Et lorsqu'ils eurent extériorisé tout leur potentiel dans le noble but de feindre la perfection, ils ont commencé chacun à son tour à ressentir comme des lacunes qui se logeaient dans leurs esprits.

Tout autour d'eux ne résidait que de la richesse et le bien-être avait atteint les plus hauts sommets ; tandis le vide se faisait toujours plus profond au point où quelques-uns se demandaient déjà à quoi bon vivre dans ce très beau pays qui tout à coup leur semble absurde ?

Alors, désespérés, ils se tournent en toute sincérité vers l'Éternel (Être suprême suivant les religions) pour lui crier leur désarroi et exprimer leur soif de Dieu.

La marche avec Dieu est ainsi une voie incontournable, car même au cœur du plus grand des bonheurs agrémentés par quelques artifices, la confusion en relation avec le sens réel de la vie peut être si grande que l'on soit obligé de laisser tout pour invoquer le règne de Dieu. Ce qui conduit à cette parole qui est une invite de prière continue : « priez sans cesse », mais aussi travaillez, car ni la misère ni la paresse ne sont des solutions.

C'est conscient de ces états que j'intégrais le deuxième domicile[3] autour d'une soirée dite de « prière », les habitués se reconnaitront. Si je venais d'un lieu habituellement coloré et rempli d'un silence ou parfois d'un bruit très ordonné, la première remarque que je pus faire ici en attendant le début officiel de la prière était l'aspect très peu coloré de cette demeure, qui ne

[3] Aumônerie protestante

cessait pourtant d'accueillir de nouveaux arrivants à chaque instant. Et, jusque-là, tout était encore relativement silencieux, et seuls les derniers réglages de la sonorisation s'évertuaient à briser très délicatement ce silence. Ceci ne m'a pas empêché d'effectuer mon oraison contemplative initiale qui nécessitait absolument un grand calme mêlé à une véritable concentration. Mais le cours des choses a conduit tous mes efforts dans un parcours stérile, car, alors même que je franchissais la première étape de ladite contemplation, tout a commencé ici par des instants d'exhortations suivis par des chants vifs et joyeux.

Chanter, de même qu'écouter des exhortations et même prier étaient des éléments très importants pour ma vie intérieure, ce qui permettait à mon cœur de s'y disposer facilement. Ainsi des minutes et des heures passèrent dans ce même élan et les activités de cette soirée ne m'avaient jusque-là pas fait réaliser que j'étais en visite dans un autre domicile, car j'étais toujours dans toutes mes aises et ma prière était que, ces grands instants de communion soient sans fin.

Cette prière a été exaucée, mais pas pour mon plus grand bonheur, car la soirée s'est suffisamment rallongée et la tenue des activités venait de revêtir une tournure qui divergeait carrément de celle de mon domicile d'origine. Le silence a tout artificiellement disparu et le bruit désordonné s'était constitué son royaume. Ces moments devenus quelque peu sensationnels donnaient désormais à voir et à apprécier les différentes allures tant spirituelles et corporelles qu'émotionnelles adoptées au cours de la prière. L'esprit de certains pouvait être assez calme et ils restaient assis, debout ou à genou dans une prière contemplative tandis que d'autres, remplis d'un esprit bouillant, semblaient avoir perdu tout le contrôle de leur corps physique et émotionnel. Il leur était impossible d'adopter des positions de tranquillité comme des personnes ordinairement et habituellement en paix. Les membres, c'est-à-dire les mains et les pieds allaient dans tous les sens, certains parcouraient toute la salle soit en courant soit en marchant, les cris étaient très aiguisés et en observant au cœur de leurs regards d'enfant de Dieu, des larmes coulaient paisiblement en « signe d'amour profond pour le Divin » disaient-ils en fin de compte.

L'émotion était à son comble et l'ambiance était tous azimuts. Les lèvres s'ouvraient pour dire des mots à tout moment de cette soirée. Ici se trouvaient réunies deux catégories de personnes qui expérimentaient à leur façon le fameux concept du « vivre ensemble ». La première catégorie des personnes faisait vibrer leurs cordes vocales pour libérer des paroles polysémiques qui répondaient très exactement aux caprices rigoureux de la sémantique. Cependant la deuxième catégorie plutôt très particulière même à vue d'œil du fait qu'elle paraissait la plus profondément ébouillantée par les temps de cette soirée prononçait des paroles condamnées par les règles de la sémantique des langues officielles et nationales en vigueur dans le règne humain à tous les coins du globe terrestre. Face à toutes ces réalités qui siéraient mieux selon mon entendement d'humain à un show télévisé, des questions plurielles m'envahissaient l'esprit au moment même où bien de personnes s'avançaient vers les dirigeants de cette prière pour prêter officiellement serment afin de marcher désormais sur les voies de l'Éternel.

CHAPITRE 3 : LOUANGES ET ADORATION

Après la soirée intense de prière durant laquelle une panoplie de réalités se sont exprimées, je me retrouvais le lendemain à mon deuxième jour dans ce domicile d'accueil qui jusque-là n'avait cessé de me montrer des choses étranges. À l'instant précis, je traversais autant que faire se peut une nouvelle journée qui selon la programmation officielle de ce domicile allait inéluctablement aboutir à une soirée de louange et d'adoration. Mon séjour à cet endroit s'était presque transformé en une retraite spirituelle et en me remémorant les évènements de la veille, il m'était facile de plonger dans une profonde méditation en écoutant la voix de Dieu qui règne sur toute sa création. La prière avait déjà été faite et repensant aux différentes facettes qu'elle peut arborer, je restais stupéfait au regard de ces humains serviteurs fidèles, fruits de la grande sagesse divine et qui avaient une façon très inhabituelle pour moi de vivre cet intense moment de communion spirituelle. Cela n'était pas un élément familier de mon quotidien, mais au moins il traduisait la possibilité d'une diversité culturelle pouvant également affecter les postures adoptées par ceux qui prient pendant ces temps de communion spirituelle.

La journée continuait son bonhomme de chemin et mon être entier s'était presque littéralement converti en un temple de méditation au sein duquel la contemplation du divin était de mise. Je rentrai continuellement en moi-même jusqu'aux confins de mon esprit pour mieux éprouver la grandeur du créateur tout-puissant. Dans cet élan de sublimation, je ressentais l'immensité de cette force invisible dont la description à défaut d'être impossible s'érigeait en casse-tête chinois. Pendant ces moments d'exaltation, où je crois avoir touché du doigt et expérimenté l'extase, le seul souhait passionnel qui m'habitait l'esprit était que le temps s'arrête dans cet état d'intime communion allant jusqu'à l'union avec Dieu. Ceci, car, tous les ressentis indescriptibles qui me colonisaient l'esprit au sein de ce temple de méditations se résumait en l'absoluité du bonheur du positif.

Pendant que je m'épanouissais encore en plénitude dans ce haut lieu contemplatif, des bruissements commencèrent à prendre place pour me contraindre à mettre fin à ce moment inoubliable. C'était un groupe de fidèles qui investissaient déjà l'esplanade du deuxième domicile dans l'attente du programme à venir.

Dans ce moment précis, j'étais une fois de plus dans l'état considéré comme normal par le commun des mortels et revenant d'un pèlerinage spécial, il m'était dorénavant possible d'affirmer que je l'ai connu. En effet, même si le vocabulaire usuel demeurait impuissant lorsqu'il s'agissait de l'exprimer, la connaissance viscérale que j'avais du divin ne faisait plus aucun doute. Ainsi, dans cette conscience supérieure, mon mouvement constant d'adoration allait sans répit à lui.

À tout point de vue, il m'était alors très facile d'admirer les merveilles de la création vivante et inerte qui m'entouraient. Ce qui m'amenait à redécouvrir la complexité des êtres vivants que j'observais allant des plus inférieurs jusqu'à l'humain doté d'une forte intelligence et animé par la magie du souffle de vie dont les lettres de noblesse se cachent dans la manifestation de la seule sagesse divine. Puis me retournant vers l'horizon et lorgnant longuement les paysages qui s'y trouvaient, je n'ai pu m'empêcher d'être ébloui par toutes ces attractions pittoresques qui me paraissaient subitement comme des choses nouvelles. En effet, ma néovision[4] mettait désormais tout en relation avec le divin ; ce qui n'engendrait que merveille sur merveille. Le bonheur que j'avais trouvé à l'intérieur de moi avait également pris corps à l'extérieur et tout ce qui arrivait à sensibiliser mes organes de sens n'était désormais que motif d'enchantement au milieu de ce monde où les troubles existants ne m'affectaient plus du tout. Comme un élément fabuleux résultant de la création, je m'émerveillais d'être participant à cette dernière qui se poursuivait encore jusqu'au présent sous le regard attentif et bienveillant du chef d'orchestre de cette musique dont il est à l'origine : Dieu.

La gloire était tellement réelle entre les mains du créateur, et son modeste serviteur inutile que je suis ne pouvait se réjouir qu'en chantant ses louanges.

Tout ceci se passait à mon deuxième jour au sein de ce deuxième domicile et l'heure de la soirée dédiée à la louange et à l'adoration ne cessait de se préciser ; chose qui était remarquable par le fait que l'esplanade précédemment bondée de monde se vidait peu à peu au profit de la salle qui allait abriter l'évènement dans les prochaines minutes.

Toujours placé à l'extérieur, j'admirais avec émerveillement le mouvement d'entrée de tout ce peuple, brulant d'un ardent désir d'éprouver les sensations de l'éternel au beau milieu de la louange et de l'adoration. Quand ils furent tous entrés, je me suis également dirigé dans la salle et prenant place, le moment était assez indiqué pour l'acclimatation et la mise en condition des différents participants qui attendaient encore les orateurs du jour. Et pour nous accompagner dans cette circonstance, un groupe constitué de trois jeunes personnes s'est avancé vers les places d'honneur et prenant la parole, ces jeunes ont entonné sur ce podium remarquable un chant tellement coruscant que même ceux qui se trouvaient involontairement

[4] Vision nouvelle

dans cet endroit commencèrent déjà à trouver assez de motifs pour y demeurer encore très longtemps afin de consommer cette soirée qui s'annonçait très colorée.

Les personnes nouvelles comme moi dans ce deuxième domicile avaient vite fait de considérer cet instant de chant comme une astuce pour retenir le public qui brillait déjà par son impatience ; pourtant, les habitués de ce lieu savaient que cela marquait la présence de l'orateur pour qui le décor se faisait ainsi planter. Alors que se poursuivait encore l'exécution de cette chanson suave, une quatrième personne a délicatement rejoint le groupe des trois et le public qui restait emporté d'une grande liesse initiée par ce cantique ne s'en est presque pas rendu compte jusqu'à ce que la voix qui retentissait désormais dans ses oreilles ait changé.

C'était celle de l'orateur du jour dont le propos introductif était constitué par un hymne riche de paroles empreintes de louange et d'adoration. C'était une chanson dans laquelle une femme ayant longuement observé les exploits de dieu siégeant dans sa majesté et ressenti sa présence agissante se demandait : « oh seigneur, comment ne pas te louer ? » J'éprouvais et je comprenais suffisamment la déclaration de cette femme, parce que tout ce qui concernait la louange et l'adoration m'affectait de façon exponentielle depuis quelques heures déjà.

À la fin de ce chant, l'assemblée s'assit pour un moment d'enseignement et d'exhortation dont le caractère hautement émotionnel n'a que difficilement permis une rencontre intime avec mon esprit qui était toutefois disposé à accueillir l'immensité du message de la louange.

L'enseignement terminé, il était alors temps de mettre en pratique quelques recommandations qu'il véhiculait à propos des dispositions psychospirituelles et somaticomentales à adopter pendant un moment de louange. Au tout de but de cette phase pratique, j'entendais distinctement les mots de chaque chant. Et puisque tous les chants prévus au programme constituaient pour moi une nouveauté, ma résolution pour m'intégrer consistait à écouter le refrain une première fois et de le reproduire la fois suivante. Cependant, la facilité de la tache telle qu'imaginée mentalement n'a aucunement épousé la réalité. En effet, alors que montait progressivement la pression de louange dans ce grand lieu, l'immensité des émotions s'est érigée en commandant de la tour de contrôle des instrumentistes ; voilà pourquoi le fruit du travail de ces derniers n'était pas moins qu'un vacarme dans lequel se noyaient aisément les lyrics de ces chansons O combien important pour le peuple de Dieu. Seule une grande disposition de cœur consistant à reconnaitre que ce bruit assourdissant était fait pour magnifier les merveilles de l'Éternel pouvait permettre de vivre une soirée de louange libératrice et réparatrice pour l'assemblée en place. C'est donc dans cet élan que se poursuivit la soirée bien plus riche en sons qu'en couleurs ; mais l'Éternel a été loué, ALLÉLUIA !

CHAPITRE 4 ; CULTE ET PRÉDICATION

Le séjour dans le deuxième domicile était rendu à son troisième jour et comme à l'accoutumée, il y'avait un programme au rendez-vous pour tous les fidèles chercheurs de Dieu de cette maison. Cette situation m'entrainait toujours plus profondément dans mon édification tant spirituelle et morale que physique et mentale. Si la participation à certaines activités était le fruit pur et simple d'une conviction volontariste, il fallait également noter que la présence à d'autres articulations de cet évènement n'obéissait qu'à la nécessité de se plier aux règles en vigueur dans ce nouveau domicile. Ceci devrait normalement permettre de paraitre assez intégré. Ce paraitre qui allait finir par disparaitre était le mode de fonctionnement de plus d'un participant. Ainsi, comme l'échéance à venir allait consister en une prière cultuelle suivie par la prédication, bien de curieux participants se demandèrent ce que pouvait bien leur réserver la suite de cette journée. Le culte à la différence des deux premières journées était censé se tenir en matinée, ce qui n'offrait pas un temps élevé à l'éventail de méditation que prenaient l'habitude de faire certains fidèles avant les programmes vespéraux. En ce énième jour d'activité dans ce lieu-dit « sacré », toutes les attentions des croyants et des éventuels futurs croyants se concentraient d'ores et déjà sur les subdivisions d'une telle célébration pour mieux se préparer à vivre un culte spécial. La chapelle avait fait son plein d'œuf et en application de la politesse des rois[5], le culte a bien évidemment débuté avec une extrême rigueur dans la ponctualité autour de quelques minutes de louange et d'adoration question d'invoquer de façon plus pressante le règne de Dieu dans le cours de la matinée. Puis le moment était désormais consacré à l'étude biblique qui nous a donné à méditer deux textes dont la lecture empathique retenait automatiquement l'attention de toute l'assemblée présente facilitant ainsi les diverses pistes de compréhension. Ces deux lectures riches de connaissances tant viscérales que raisonnées constituaient visiblement le tremplin d'accès aux textes évangéliques qui allaient bientôt constituer la matrice sur laquelle reposera la prédication. L'homilétique[6] de ce jour a été utilisée par le seul pasteur en place afin de conduire l'assemblée dans quelques-unes des diverses façons d'appréhender et de comprendre le texte dument lu bien avant son intervention. Même si ce prêche était destiné au même but que l'homélie prononcée dans mon domicile d'origine, la gestuelle et l'émotivité qui l'accompagnaient avaient toute l'allure d'une effervescence profonde. Le ton des paroles utilisé était doué d'un dynamisme extrême et les

[5] L'exactitude

[6] Art de la méditation

mouvements de l'orateur feignaient l'agitation pour finalement toucher de manière très prononcée le corps physique du peuple présent en laissant intact son corps spirito-émotionnel.

Un évangile rempli d'une vérité parfois adoucie a inévitablement fait naitre dans le cœur de ce pasteur une interprétation radicale qui s'est échappée de ses lèvres sans aucun ménagement, question d'impacter forcément le public des chercheurs de Dieu plus ou moins convaincus ici présents. Le cœur ne s'adressant en général qu'au cœur, et la bouche à l'oreille, les phases initiales de cette prédication de par leur quiétude ont de même que dans mon domicile d'origine touchés très intimement les cœurs des fidèles les plus disposés dans cette salle au moment où l'intelligence pastorale exerçait encore sa loi sur ses émotions. Ceci avait vocation de mettre en branle un changement ou mieux une conversion qui prendrait corps à l'intérieur, avant d'étendre son effusion à l'extérieur, pour répondre aux exigences de la règle qui stipule que tout ce qui est durable vient de l'intérieur.

Puis, peu à peu à mesure que l'orateur évoluait dans son propos, le message devenait plus cru et plus violent en épousant la posture du pasteur. L'émotionnel semblait désormais avoir une très grande emprise sur l'intelligence pastorale, ce qui a suscité dans l'assemblé un climat d'effroi insoutenable, une couardise[7] qui investissait rapidement la salle de telle sorte que les uns et les autres vivaient ces instants spécieux dans une peur bleue semblable à celle ressentie face à un film d'horreur. La prêche était alors revêtue par d'innombrables effets dits spéciaux qui faisaient traverser à ces fidèles d'horribles épisodes de leur vie dans ce lieu qui se constituait déjà une réputation d'un théâtre dont la scène en cours avait pour acteur principal, le pasteur.

Dans cette chapelle transformée en un véritable royaume satyrique, de nombreuses accusations proférées par le pasteur des lieux ont diversement offensé les brebis en plongeant quelques-unes dans un grand niveau de culpabilité *(« qui se sent morveux se mouche »).*

Diverses rencontres entre la loi et la violation de la loi étaient ainsi d'être faites et le nouveau climat qui régnait précisément dans cette maison n'avait rien de paradisiaque. Nous étions dans un tribunal d'accusation plein air, au sein duquel excepté le pasteur qui pouvait occuper le fauteuil d'accusateur, tout le reste de personnes se contentaient d'une ridicule place d'accusée, car aussi pieux et excellents qu'ils auraient pu être, chacun avait au moins un péché mignon à se reprocher.

[7] Disposition à la peur constante

Visiteur et de passage dans ce deuxième domicile, la découverte de nouvelles façons de faire ne cessait d'imprégner ma mémoire si bien qu'une légère masse de questionnements rhétoriques a été levée de toute part pour manifester ma stupéfaction.

Ces questions qui n'étaient rien de plus que des questions n'ont eu aucun effet sur l'homme de Dieu qui poursuivait habilement sa prédication plus ou moins guidée par les textes choisis. Même si cette prédication était faite essentiellement de vérités dites sans tenir compte de l'accent poétique, le fait étonnant était constamment l'absence du rapport entre ce sermon et le texte en question. En effet, lorsque le prédicateur était encore en possession de tous ses atouts c'est-à-dire au moment initial de son discours, où l'intelligence avait encore le droit de regard sur l'émotionnel, tous ses propos semblaient bien tirer leur origine du texte ordinaire. Cependant, quelques minutes après, lorsque le pasteur s'est mué en un autre personnage sous contrôle émotionnel prépondérant, tout a chambardé en laissant au passage des individus remplis d'un sentiment d'aversion à nulle autre pareille ; un mécontentement tellement insupportable que le programme culturel fut abrégé par d'autres qui considéraient comme dénués de scrupules les agissements actuels du pasteur. Ce dernier ne présentait aucun signe de trouble face à l'effectif qui perdait de sa substance, car pour lui, ceux qui jetaient si facilement l'éponge n'en étaient qu'à l'alphabet en ce qui concerne le spirituel et refusaient délibérément de quitter le monde ses ténèbres dans lequel ils vivaient. Cette affirmation elle aussi parée d'un jugement fait d'accusation était certes grave, mais, résidait tout de même dans une colonne des deux registres suivants : vérité et mensonge.

Sans vouloir faire un bref arrêt dans une spéculation sur ces deux dernières notions, il convient de relever que cette situation qui indisposait terriblement les fidèles chercheurs de Dieu intervient au moment où le temps (intervalle horaire) accordé au pasteur pour son élément est dépassé ; la vérité étant alors que tout ce scandale aurait pu être cartayé[8] si le respect de la loi des hommes en vigueur ici était une réalité. Le pasteur, premier violateur des règles peut-être par amour pour Dieu, a engendré pas mal de désagréments pendant la partie prédication de ce culte qui par une exhortation et un appel à la repentance radicale tirait déjà à sa fin. Cela semblait être une coutume dans ce deuxième domicile. En effet, comme d'ordinaire à la fin de chaque enseignement efficace, le peuple rassemblé est invité à se rapprocher de l'autel bâti au sein de la chapelle dans le but de prendre un nouveau départ avec Dieu.

---

[8] Évité

Cet appel singulier concernait spécifiquement ceux qui après introspection reconnaissaient leur vie comme étant à l'écart de la norme prescrite par le divin. Ainsi, grâce à une prière guidée par les soins du pasteur, les repentants de circonstance ont présenté publiquement leur faute au Tout-Puissant et aidés par le pasteur, ils prononcèrent par répétition une prière d'engagement sur les chemins de la droiture puis une chanson d'action de grâce a été entonnée pour louer les merveilles de l'Éternel.

Le peuple repentant demeurait toujours nombreux malgré les multiples désistements qui ont eu lieu pendant la prédication. La fin de cette dernière a directement engagé la partie du culte consacrée à la collecte/quête après laquelle les communiquées et modalités pratiques pour la suite ont été énoncées boucler définitivement la boucle par la prière de fin.

CHAPITRE 5 : PASTEURS PROTESTANTS / PRÊTRES

Un passage raisonné dans une contrée nécessite presque toujours une rencontre avec le maitre des lieux. Quelle qu'en soit sa coloration culturelle, il est garant d'une autorité notable et sert de guide pour tous ceux qui sont placés sous sa tutelle et sa souveraineté. Puisque déroger à la règle n'était pas un élément intrinsèque de ma personnalité, je me suis joyeusement donné à cette activité plus ou moins reluisante afin de combler le plus possible ma présence dans cette randonnée spéciale en son genre. Un autre jour nouveau venait de faire son entrée au concert de la vie et portait en lui-même tout un chapelet de rythmes admirables dans le libre cours des activités. Faisant justement allusion aux activités, la présente journée était celle des rencontres et pas n'importe lesquelles. Il s'agissait bien évidemment de tête-à-tête avec l'ordinaire des lieux en la personne du révérend pasteur. Ces occasions d'échange expressément mises en place pour donner un coup de main aux fidèles nécessiteux de conseils ou d'accompagnement particuliers a tout autant attiré les foules que les autres programmes organisés ici.

Dans un élan de beaucoup plus de curiosité que de recherche d'une solution aux difficultés existentielles, un nombre important de pèlerins convergeait vers le bureau du pasteur, site des différents échanges qui se voulaient individuels obligeait ainsi chacun à attendre son tour en se pliant à la discipline imposée par un rang suffisamment long et qui ne cessait de se rallonger en face dudit bureau. C'est sans effort spécial que j'ai vite fait d'être classé dans cette catégorie, car en règle générale, toue véritable rencontre est presque toujours enrichissante et il n'était pas question que je rate une seule opportunité d'en savoir plus sur quelque question que ce soit. Aussi ennuyeuse qu'ait pu être l'attente, j'ai fini par atteindre dans toute la sérénité mon heure de gloire avec l'hôte qui était en place depuis les premières heures de la matinée. Au moment de la salutation, je lui ai transmis ma salutation en ces termes : « Bonjour Pasteur ».

Sa réponse habitée d'une grande gaieté m'a qualifiée par le mot « frère » qui me remplit d'étonnement lorsque je sais être son « fils » dans le domaine spirituel. Ici régnait une courtoise digne des citoyens du royaume promis. C'est sans aucun doute l'absence de la politesse conventionnelle brillant parfois par sa froideur indicible qui m'a donné d'être dans toutes mes aises lors des échanges avec mon interlocuteur. Je n'étais pas porteur d'un problème particulier, mais il me fallait tout au moins poser une question à l'effet de meubler positivement la conversation. Malgré le caractère naturellement banal de mon interrogation, que je préférerais taire ici, le pasteur m'a plongé en quelques fractions de seconde dans un vaste univers ésotérique dans le but ultime de me créer du trouble dans l'esprit afin que j'en ressorte malade psychosomatique. J'ai très vite compris ses intentions qui consistaient à me rendre souffrant pour ainsi m'être désormais d'une utilité certaine, manigance qui n'a malheureusement pas porté du fruit même s'il semblait convaincu du contraire. Alors que je pensais encore à cette machination, il a prononcé ls mots magiques qui se résument en une vérification de l'effectivité ou non du baptême d'un fidèle dans mon domicile d'origine. En lieu et place de cette formule qui m'était déjà traditionnelle, il était donc question pour moi de le renseigner précisent sur le don ou non de ma vie à l'Éternel. Tenue de m'acculturer pour pouvoir évoluer, la première étape à traverser pour pouvoir espérer en une réponse à ce questionnement était sa compréhension sémantique et contextuelle. Ne sachant certainement pas le sens profond contenu dans le « donner sa vie à l'Éternel Dieu », il m'était judicieux d'en recueillir des éclaircies au pasteur, car tout cela m'avait l'aire d'une invite au suicide. « Non ! » rétorqua-t-il en remarquant qu'aucune relation digne de ce nom n'était possible sans un véritable don de soi-même à travers le service et les aides de toute nature. De plus, il releva que donner sa vie à l'Éternel Dieu loin d'être un suicide consistait simplement pour tout humain à laisser le soin à Dieu de prendre autorité sur tous les aspects de sa vie. Après l'écoute religieuse de ces indications, la réponse que je pus immédiatement donner à ce pasteur était un « Non » appuyé par le fait que je n'avais pas de vie et donc rien à donner. Très indigné par la qualité de mon affirmation qui pour lui était dénuée de crainte de Dieu et donc de sagesse, le pasteur déclara sur le coup le caractère gravissime de mon état qui nécessitait selon lui une délivrance de toute urgence. De malade psychosomatique, je devenais désormais un homme possédé (malade spirituel) qui aurait besoin d'un exorcisme. Tout portait à placer le pasteur sur un piédestal, car il venait de faire étalage de sa capacité à détecter des maladies avec une efficience incomparable. Cette situation désobligeante avait réputation à rendre malades presque tous les fidèles qui entretenaient la moindre conversation avec celui-ci.

N'eût été mon caractère marqué d'un aussi grand scepticisme, j'en serais sorti au moins atteint par deux pathologies imaginaires. Le pasteur du haut de sa grande volonté indéniable de contribuer à la rédemption des humains s'est vite laissé emballer à la moindre contrariété, ce qui a rapidement fait de lui un danger en lieu et place du berger qu'il était censé être. Il n'avait effectivement pas une éducation comparable à celle des bergers de ma contrée d'origine et cette réalité ne semblait aucunement le résoudre à l'humilité. Il avait encore tant de choses à apprendre et pourtant ses agissements laissaient croire qu'il se disait avoir de la connaissance infuse et se suffisait pleinement. Mais hélas, quand le sensationnel et l'émotionnel dament le pion à l'intellectuel, l'esprit humain sombre dans les pires de ses bassesses. En me retrouvant devant ce pasteur face auquel j'ai été tout naturellement décontracté du fait de l'accueil un peu plus chaleureux que celui que l'on me réserve souvent dans mon domicile d'origine, il m'était facile d'avoir une conversation décontractée avec celui-ci. Toutefois, cela ne dura que quelques poussières de secondes du fait de quelques incompréhensions qui se sont infiltrées comme des virus insidieux dans notre conversation et ont littéralement tout gâché. En lieu et place de la sanctification du péché que se plaisaient à pratiquer certains de ses confrères en restant indéfiniment dans la coulpe,[9] je me suis senti jugé. En effet, cet homme qui de même que tout autre humain avait des forces et des faiblesses me passait facilement à un jugement fataliste comme un juge sans tache et digne de décider du sort des humains. Ah, ce moment d'apprentissage et de découverte n'était pas l'un de plus agréables depuis mon arrivée dans ce deuxième domicile. C'est pourquoi tous les scrupules qui me remontaient à l'esprit m'ont inévitablement conduit à passer au scanner la vie de mon interlocuteur qui bien que considéré comme « vie privée » était assez ouverte au public, lumineuse mais avec quelques zones d'ombres cachées avec soin. La grande abondance des parties lumineuses les rendait peu enviables lorsqu'on sait qu'aucune société ne se plait dans du vulgaire. Le temps était alors consacré à scruter les coins et recoins considérés comme sombres de sa vie. C'était en effet un homme marié exceptionnellement fidèle qui ne se laissait jamais aller aux manœuvres séductrices des jeunes femmes, lesquelles accostaient en simulant une diablerie selon laquelle elles rechercheraient une solution à des problèmes. Lorsque la société pécuniaire a été obligée de reconnaitre sans aucun blasphème l'obéissance de Dieu aux volontés de la femme, on pourrait d'emblée tirer un coup de chapeau à ce pasteur qui durant des années a tenu tête à la multitude des ruses utilisées par ces dernières pour briser ses règles de conduite morale.

Dans un pays où la femme est prête à tout pour assouvir ses désirs, l'onde de la vie du berger ne devrait normalement connaitre de répit au risque d'être prise au piège du maillage finement tissé par des femmes épouses et célibataires médisantes. C'était carrément un homme marié comme le désirent les autres mariés ainsi que les célibataires fiancés à des femmes très proches des pasteurs. En dernière analyse, j'ai pu curieusement constater que la longue file d'attente qui cheminait vers le bureau du pasteur n'avait en son sein aucune femme. Me prêtant alors au jeu des indiscrétions, mon constat était ahurissant. En effet, malgré la haute fidélité du pasteur, il s'est un soir de décembre à un des moments les plus sombres de sa vie de couple, fait prendre au piège d'une amazone décidée à en découdre avec les principes moraux du pasteur. Il décida ce jour de ne plus recevoir de femmes dans son bureau.

[9] Tendance au péché volontaire

CHAPITRE 6 : LES FIDÈLES

Ceux qui reconnaissent le maçon aux pieds du mûr ont presque toujours la délicatesse de pouvoir faire le distinguo entre le pasteur et ses ouailles. Peut-être plus important que ces derniers, le pasteur reconnait toutefois qu'il n'a de droit d'existence que par la présence qui est en règle générale entourée à chaque fois d'un dynamisme impressionnant. Un jour nouveau s'était levé dans ce village assez serein et au son de tous les cris d'oiseaux, il suffisait de l'entamer pour renchérir la grande visite. L'intensité avait baissé en ce matin du jour suivant dans le programme des activités du deuxième domicile. La journée était alors entièrement consacrée au travail manuel qui allait être réalisé des mains de maitre par la grande disponibilité des fidèles. Et même si je n'étais fidèle de ce domicile que par le concours de la circonstance, il faut avouer que mon exercice de ce statut s'est étendu en plénitude jusqu'aux confins de toutes les attributions. C'est donc très activement que j'ai participé à cette séance de grand ménage qui visait à redonner au deuxième domicile toute sa beauté originale d'antan. L'occasion faisant le larron, ceci était le lieu d'établir sans aucune verve (fantaisie) de nouvelles relations humaines et de se redécouvrir au travers d'autrui ; comme matrice de tout cela, le travail devrait être au préalable effectué ou tout au moins entamé. Vivant depuis mon arrivé au deuxième domicile dans l'un des appartements destinés aux étrangers, je devais attendre avec patience que les externes viennent jusqu'à moi pour l'avancée du travail. C'est en craignant tous les retards qui naissent à tout bout de champ dans mon domicile d'origine que je me suis laissé aller au délice de la grasse matinée qui ne dura malheureusement que quelques instants, car les fidèles du deuxième domicile étaient des as de la ponctualité et leur précision était simplement déconcertante. Ils étaient là à l'heure exacte ce qui sonna le glas de mon tendre sommeil au seul profit de ce ménage. En entendant la mosaïque des voix de ces différentes personnes, je suis directement allé vers elles pour me rendre utile de toute manière. À la rencontre de ce beau peuple, j'ai été tout bonnement frappé par l'envergure de la bonne humeur communicative et la spontanéité de la gentillesse de tous ces hommes amis de Dieu.

Le défrichage, le labour entre autres et même le toilettage de la chapelle étaient au rendez-vous. Animé d'un entrai particulier, chacun se dévouait avec grande gaieté à cet épisode de travail de groupe. Sans être dans un sous-groupe particulier, je cheminais poste après poste pour apporter un coup de main à tous ces frères chercheurs de Dieu. La promenade de mon regard sur ces personnalités diverses croisait toujours sur mon chemin d'autres regards comblés d'un grand amour et d'une grande grâce qu'elle ne pouvait qu'être d'origine divine ; en tenant en obligation évitable la souffrance et en droit exigible le bonheur, j'ai pris du plaisir à admirer tous ces regards qui se prêtaient à l'effusion d'une merveilleuse béatitude. Cette dernière, j'avais l'habitude de la retrouver aussi chez les habitants de mon pays d'origine, mais avec une telle intensité et une telle constance.

Tout ici était une nouvelle occasion de louer Dieu, de glorifier son nom. Un coup de machette, une nouvelle pelletée et tout passage de raclettes exécutaient à l'unisson un chant de gloire à l'Éternel. Le travail poursuivait son petit bonhomme de chemin, les mains étaient sales et le corps suant et harasse n'a que connu son impuissance face à l'enthousiasme effréné de la conscience collective de ces ouvriers des premières heures.

Les tendances de chauvinisme (xénophobie) étaient apparemment les plus absentes de ce lieu. Seule l'attitude très xénophile a retenu mon attention, un lieu où vous arrivez pour la première fois et vous avez l'impression d'y être depuis toujours.) car elle régnait d'ailleurs en maitre dans ce lieu. Une adoption tellement facile a fait de moi un frère dans ce climat si harmonieux qu'on aurait cru en une relation de longue date. Ceci me faisait tressaillir continuellement de joie dans cette nouvelle famille, laquelle n'avait jamais intégré la signification du mot « étranger » dans son mode de fonctionnement ; elle manifestait tellement d'intérêt pour moi que je me sentais carrément carrément gêné par tant d'attentions peut-être dû au défaut d'habitude.

Je ne me sentais certes pas autant à l'aise que dans mon domicile d'origine, mais en tant que visiteur dans cet endroit, j'étais littéralement comblé par toute cette chaleur humaine qui s'irradiait de toute part.

Ici on parlait continuellement de Dieu dans son grand mystère et dans sa grande majesté, et on se réjouissait en tout temps de le servir. Au cours des rares moments de silence relatif à l'absence de conversation articulée, on entendait presque toujours une ou plusieurs mimes de chansons qui rendaient d'intenses actions de grâce à l'Éternel. C'était l'élan du cœur de tous ces travailleurs manuels qui étaient très dévoués au créateur de toute chose. Sans poste fixe, je continuais évidemment ma marche dans les différents postes de travail où se trouvaient regroupées des personnes et je ne manquais ainsi à aucune occasion d'apprentissage en compagnie d'une infime partie de mes 7 milliards de voisins de cette contrée ; il s'agissait d'un nettoyage et comme tel, une quantité d'éléments indésirables n'avait cessé de s'accumuler jusque-là. En effet, d'un petit groupe à un autre, d'une personne à l'autre, il s'érigeait en toute sérénité un vaste tas d'ordures, fruits d'un nettoyage exemplaire. Ces déchets entassés n'avaient dans un premier temps rien de particulier, cependant lorsque la fin du travail se faisait proche, il s'est passé des choses suffisamment impressionnantes pour mobiliser l'attention même des plus sceptiques comme le visiteur adopté que j'étais ; en effet, les tas d'ordures reconnus pour tee regardés avec un profond dédain apparaissaient être la tâche à laquelle les habitants de ce deuxième domicile se prêtaient le plus joyeusement. Lorsque la conscience collective est imprégnée du fait que l'hygiène et l'assainissement dans le sens de la collecte et la gestion des déchets sont une mission réservée aux citoyens laissés pour compte, je ne pouvais qu'être marqué d'un étonnement émerveillé face à la vivacité de ce peuple qui se plaisait sincèrement à acheminer les ordures dans les lieux indiqués.

Chacun ici avait un véritable désir de plaire à Dieu et puisque les regards insondables de ce dernier aboutissent bien souvent dans l'univers de la noblesse et de la grandeur. Cette dernière n'ayant de sens que dans l'humilité et la simplicité, les travailleurs manuels de ce jour s'adonnaient avec amour à cette dernière étape du processus d'hygiène et d'assainissement de l'entourage de la chapelle.

C'est sans doute ce qui fit que l'intensité du travail qui avait reçu un coup certain à cause de la fatigue est remontée d'un cran à la fin de l'exercice pour marquer le désir manifeste de plaire à Dieu jusqu'à la dernière énergie.

À la faveur d'une séance de travail manuel, j'ai fait plusieurs rencontres qui inconsciemment m'ont donné de balayer du revers de la main tous les clichés obscurs entretenus depuis des lustres à mon domicile d'origine sur les personnalités des citoyens du 2e domicile : des personnes extraordinaires et immensément riches d'un enthousiasme m'ont tout simplement recoloré le regard qui était jusque-là porté sur la haine de l'étranger. La xénophobie n'était acceptée nulle part ici et seul un aigri volontaire pouvait parvenir à se sentir en dehors de ses aises. De façon plus emphatique, l'on pouvait découvrir qu'il est mieux d'éviter toute supposition et de n'oser faire des hypothèses que si la possibilité de les tester se présentait.

Fier de toutes ces nouvelles connaissances relationnelles, je conversais encore avec ces nouveaux frères courtois au moment même où la matinée de travail tirait à sa fin. Ainsi se précisait le fameux moment d'échange avec des politesses de séparation qui consistent d'ordinaire à se prononcer le fameux « aurevoir » mêlé à ma poignée ferme de la main. Cependant, puisque tout n'était qu'extraordinaire dans ce domicile, la politesse de séparation a elle aussi eu une coloration chaleureuse, tellement agréable que personne ne se décidait à quitter facilement ce lieu. Même les férus de l'exigence du respect horaire n'ont apparemment pas vu le temps passer ce jour-là jusqu'à ce que l'intelligence naturelle du mouvement de rotation de la Terre s'évertue à passer l'information. De matinal à vespéral, les ténèbres paraissaient déjà à l'horizon et devenaient donc une véritable contrainte à la poursuite de ces moments de qualité. Chacun était alors appelé à rejoindre son domicile familial ou à vaquer à toute autre accusation en dehors du deuxième domicile. Ceci signa simplement la fin de la grande séance de travail manuel et les accolades ainsi que les poignées de mains étaient alors effectives, efficientes et définitives cette fois - là pour marquer une séparation temporaire jusqu'au lendemain.

CHAPITRE 7 : VIE DE GROUPE

Lorsque la vie en solitaire s'avère être un choix nécessaire pour le plein épanouissement de plus d'une personne, il demeure important de noter que la plupart des humains se trouvent fortifiés en nouant des relations solides qui peuvent épouser le statut d'association. S'associer pour réaliser une tâche qui serait pénible pour une seule personne, s'associer pour réaliser des tâches qui nécessitent absolument un groupe de personnes, s'associer pour que la fonction de la charité dans le pan d'amour en partage ait tout son sens. S'associer tout simplement pour vivre en mieux, pour vivre bien, vivre ensemble. Vivre ensemble dans l'harmonie et réunis par des différences plus ou moins subtiles exige ici une tolérance certaine alliée à un grand esprit d'acceptation de l'autre. C'est également cela la vie de groupe qui s'est immiscée dans mon parcours lors de la brève incursion pacifique au nouveau du deuxième domicile.

Mes descentes inopinées dans les rencontres des divers groupes officiants dans ce domicile étaient certes improvisées, mais n'obéissaient pas du tout au sens des vents dominants. De ce de fait, je bénéficiais d'une compagnie spéciale. En effet, le pasteur avec qui j'ai eu ce que l'on pourrait qualifier d'altercation lors de la matinée d'écoute et d'échange individuel avec les fidèles était devenu progressivement un très grand complice. La descente dans les groupes était par ailleurs une proposition faite par ce dernier pour qui je suis devenu l'hôte de marque comme quoi pour se faire respecter par les stars, il faut leur tenir tête dès le départ. Mon agrément à cette offre était lui aussi conditionné par une faveur. Le pasteur devrait alors acquiescer d'être mon guide de circonstance pour pouvoir obtenir un « oui » de ma part. Même si nous n'avions à faire là qu'à un caprice illusoire, car mon nouveau complice savait au fond qu'il est de sa responsabilité de conduire les étrangers qui arrivent chez lui dans la moindre éventuelle visite guidée. Presque aussi nombreux que la multitude de groupes présents dans mon domicile familial d'origine, ceux d'ici tenaient leurs rencontres ordinaires en soirée et visaient un même objectif tout en employant des moyens différents. Je débordais d'enthousiasme, de les découvrir et d'en être imprégné. Puisque nous n'étions encore qu'aux premières heures de la journée, il fallait que j'aille à la rencontre du pasteur pour qu'ensemble nous définissions un programme pour la tournée du soir.

Un nouvel entretien entre le berger et moi, il m'était possible de redouter un nouveau démêlé si ma pensée se limitait simplement à la dernière prise de bec tenue dans son bureau. Fort heureusement, le temps qui ne cessait de passer a emporté avec lui sur ce chemin tous les aspects orduriers de cette dernière rencontre. Tout avait en effet été résolu entre le pasteur et son ouaille que j'étais et je me rendais chez lui en tant qu'un frère et même mieux un ami vrai.

Au sortir de cette réunion, la réalité à noter était que les groupes actifs dans ce deuxième domicile se répartissaient suivant le charisme dominant dans les activités ordinaires. Ainsi, les groupes de prière qui faisaient preuve d'un grand sérieux dans mon domicile d'origine et les groupes artistiques eux aussi relativement aux prises avec l'orgueil et l'arrogance étaient présents ici. À ces deux derniers on ajouta les groupes d'enfants qui officiaient dans l'éducation de base des enfants suivant les standards de la morale divine et qui avait pour particularité d'être organisés en deux temps dans leur système de fonctionnement qui consistait en une réunion vespérale des formateurs et une rencontre dominicale et matinale pour la restitution aux enfants.

Les groupes ainsi sommairement présentés, nous avons établis in situ le planning des visites et les priorités avait été donné sans aucune objectivité aux groupes de prière suivis par les groupes artistiques et enfin ceux des formateurs d'enfants. Nous étions alors fixés et seule demeurait l'épreuve de la patience et que vienne en son temps l'heure du début des assemblées de ces différentes associations faites pour la plupart de très jeunes gens.

En toute convivialité, j'ai encore prolongé mon séjour au sein du bureau pastoral, car désormais la communication était fluide et les échanges étaient francs dans le sens de l'édification. Cette conversation noble et utile constituait pour nous une saine façon de gérer l'ennui qui était censé nous secouer de l'instant présent jusqu'à la soirée consacrée à la tournée dans les différents mouvements du deuxième domicile. D'agréables moments avec le berger, tout portait à croire en une soirée très spéciale à la découverte d'un Nouveau Monde.

Quelques heures seulement après ma séparation d'avec le pasteur, le moment tant attendu était définitivement devenu une réalité. Alors, quittant sereinement ma chambre, je suis directement allé vers le guide pour qu'entre en marche le train de nos visites de courtoisie. La descente initiale s'est faite dans un groupe de prière. Ce dernier était plutôt assez étonnant lorsqu'il m'arrivait de le comparer aux groupes de prière de mon domicile d'origine. En effet, en contraste avec ces derniers, le seul moment où semblait émerger le silence dans le cas du deuxième domicile se présentait lorsque le groupe mettait une pause à son élan de prière. C'est sans aucun doute pour cette raison qu'à notre arrivée, le bruit qui sensibilisait nos auditions au loin s'est estompé pour laisser place à un silence servant cette fois-là à l'accueil d'étrangers. Je ne saurais dire si l'accueil était chaleureux dans ce climat si muet, mais au moins je crois avoir observé d'un coup d'œil rapide une grande grâce qui résidait dans le regard de la plupart des membres de ce groupe. À cette heure précise de rencontre avec ce groupe de prière, j'ai bien cru être dans un monastère dans ses moments officiels d'oraison et pourtant telle était la façon de prendre une halte et un bref arrêt à la prière ici.

Le deuxième groupe visité dans ce même registre était celui des intellectuels des saintes Écritures. Ils se présentaient comme des personnes très assidues et la curiosité qui était facilement notable ici se trouvait être l'aspect particulièrement vieillissant du livre saint de chaque membre. De plus, la dysharmonie qui prenait corps dans leurs interprétations individualistes de ces écritures entrainait carrément des échauffourées semblables à celles notifiées à l'assemblée nationale lorsqu'une question difficile déplait à la majorité. Et même cela était très laborieux, ils trouvaient quand même quelques fois un terrain d'entente, s'accordant ainsi sur l'essentiel à enseigner aux citoyens qui n'avaient pas encore eu la chance d'entrer en contact avec ces écrits matrices de toutes leurs idées plus ou moins divergentes. La partie de notre randonnée aux groupes de prière s'est poursuivie pendant quelques minutes encore après quoi le grand honneur s'est tourné vers les groupes artistiques

ici, c'est le talent et l'expression de l'inventivité qui dictaient leur loi. La scène était inévitable et quelques tendances difficilement adoptables par la morale en vigueur surgissaient bien souvent. Le premier dans lequel le pasteur me conduisit était celui des chanteurs choristes qui faisait chacun étalage de sa puissance vocale, quelquefois dans une logique de louange et d'adoration de l'Éternel ; mais presque toujours, l'intention cachée par ces derniers était un désir profond de reconnaissance, une envie certaine d'impressionner le commun des mortels et de devenir une star aux yeux de ceux-ci.

Les chants exécutés sonnaient tout vrais, tout beaux, mais la profondeur vivante des messages n'était pas au rendez-vous. Les conflits d'intérêts et de compétences comme toujours dans les chorales étaient monnaie courante, toute chose qui avoisinaient nettement certains recoins de mon domicile d'origine. Puisque rien de nouveau n'avait été notifié dans le groupe des chanteurs choristes, nous avons immédiatement tourné cette page au profit de la cellule des communicateurs. L'éloquence était un leitmotiv ici, mais aussi, il fallait recueillir la bonne information auprès de tous les groupes pour assurer éloquemment sa diffusion. C'est d'ailleurs pourquoi à l'heure de notre passage au lieu officiel de réunion de cette cellule, tout était vide, car chacun des membres était à ce moment-là à l'affut de l'information de qualité auprès des divers groupes du deuxième domicile. Poursuivant alors notre bonhomme de chemin, nous sommes parvenus au niveau d'un groupe de personnes, qui, exposaient des mouvements acrobatiques remarquables autour d'une scène, elle aussi riche en plusieurs acteurs. C'était un exemple d'unité entre le groupe théâtre et celui des danseurs dans le cadre de la préparation d'une comédie musicale évangélique. Enfin, la clôture de notre tournée était sensée être avec les formateurs d’enfants, mais hélas, nous sommes arrivés à eux trop tard ce jour-là, car, leur respect des horaires de début et de fin était impeccable.

CHAPITRE 8 : VIE SOCIALE AUTOUR DE L'AUMÔNERIE

Au lendemain de ma visite guidée dans les groupes et mouvements actifs au sein du deuxième domicile, je me trouvais riche d'une connaissance assez superficielle sur les attitudes et les altitudes de leurs membres. Une idée grossière qui se devait d'être observée de près pour aboutir à une conception holistique de toutes ces personnes au niveau de leur milieu de vie. La communauté qui entourait le 2e domicile n'était certes pas très grande, mais il faut noter qu'elle était riche d'une très grande diversité. En effet, la minuscule population d'autochtone qui s'y trouvait déjà a été rejointe par des personnes venant de diverses origines. L'origine étant elle aussi déterminante pour la culture pratiquée, l'étendue du territoire qui hébergeait le deuxième domicile se présentait alors comme un symbole fort du vivre-ensemble et du multiculturalisme. Présent à cet endroit et en ce moment, j'étais un membre très inactif dans le cours des évènements en me contentant plus ou moins du poste d'observateur des peuples qui vivaient ici depuis un temps plus ou moins long, rester en marge de l'histoire pour admirer tous ses contours semblait être mon choix de circonstance. Rien d'étonnant d'ailleurs du fait de mon séjour très récent dans ce lieu. Je ne savais littéralement que très peu de ce peuple et l'occasion qui s'offrait à moi apparaissait comme une grosse aubaine à saisir absolument. Le travail sur lequel je devais désormais m'appliquer était absolument conditionné par la conduite individuelle et collective des habitants de ce territoire connu pour être attrayant. Puisque dans ce cas précis mes actions étaient censées faire preuve d'une grande inertie, mon regard bienveillant se devait d'être enclin à observer avec une précision chirurgicale et en toute impartialité tous les faits et gestes des humains de mon entourage. Tantôt statique et tantôt en mouvement, je relavais avec rigueur les éléments de sociologie de ce peuple fidèle du deuxième domicile qui depuis quelques jours m'avait ouvert ses portes et me gratifiait jusque-là d'un séjour meublé de programmes, les uns toujours plus spirituels que les autres. La présente activité dans laquelle je venais de m'engager n'était qu'un caprice officieux que je m'étais moi-même imposé dans le but de mieux comprendre les fidèles chercheurs de Dieu du deuxième domicile lorsqu'ils se trouvent en liberté dans leur milieu sociologique ordinaire.

Ce dernier de par son climat tendu et mêlé du libre arbitre était le plus adéquat pour permettre l'extériorisation d'originales personnalités dans un contexte marqué par l'absence de la peur du gendarme. Ainsi, d'un coup d'œil rapide sur cette modeste communauté, le tout premier gros plan qui s'invita à mon regard se présentait comme étant une certaine impeccabilité de la communion fraternelle extraordinaire qui me remplissait d'une saine envie à tout point de vue. L'harmonie qui s'affichait ici était parée aux allures paradisiaques, ce qui entrainait naturellement l'observateur candide dans un état d'émerveillement pur et simple. Les visites de courtoisie au voisinage étaient monnaie courante et les automatismes de l'entraide étaient toujours à point. Tout portait à façonner dans mon esprit la réalité d'un peuple, d'une communauté parfaite ; cependant, il convient de noter que cela était le fruit d'un aperçu général à distance. Et puisque la grâce se révèle souvent être trompeuse, la nécessité d'un prompt abord de proximité s'imposait pour d'éventuelles confirmations. Tel était un exercice de prudence qui consistait à peaufiner les aperçus généraux pour en tirer une vérité plus nette et universellement susceptible de perdurer presque indéfiniment. Ainsi, par mon délicat rapprochement, tellement de choses se sont précisées pour modeler la vérité déjà présentée plus haut, mais qui n'en était déjà plus une. Tous les masques attribuables à des illusions d'optique connaissaient les uns après les autres, leur chute et la vérité répondant à la définition même de la vérité faisait alors surface pour corroborer ou non les considérations liminaires. Ce passionnant exercice auquel je me suis livré avec joie pour m'élever en toute quiétude vers l'atteinte de mes objectifs dument fixés dès le début m'a donc laissé le choix d'aller en profondeur pour recueillir tout le vécu de ces belles gens et édifier mes investigations. La netteté d'une vision de proximité a toujours été une vérité dans une grande masse de raisonnements scientifiques. Et puisque nous abordons sociologiquement ce moment précis, quelques doutes et réserves pourraient bien entamer cette affirmation. Toutefois, au-delà de tout discours coloré d'hésitations, j'ai pu sereinement toucher en temps réel les grandes lignes du vécu de ce beau peuple. Ce qui permit d'avoir une appréciation vraie de ces visites de courtoisie, de cet esprit d'entraide, de ces amitiés harmonieuses et de ces relations conjugales jugées impeccables à distance.

La toute première approche a consisté à toucher du doigt le cas de la visite des proches. Cette dernière était tellement fluide dans son déroulement et tous ou presque s'y adonnaient avec beaucoup d'aisance. Ainsi, la forme pouvait déjà être considérée comme étant saine et donc seul le fond se réservait encore le pouvoir de discréditer ou non la qualité des visites. Étant donnée ma présence inactive dans toutes ces scènes de vie, je m'invitais très régulièrement à l'ordre du jour d'un citoyen qui cheminait vers le domicile d'un autre. Une fois sur place, c'est en silence que j'écoutais leurs conversations bien souvent jonchées de propos orduriers. Tous les ragots ici proférés portaient à croire que les auteurs, parlant avec tant d'assurance, étaient des symboles de la perfection. Mais parce que la vérité était toute autre, leurs paroles calomnieusement prononcées les couvraient de souillure et même si les dits étaient vrais, ils n'apportaient rien à l'édification de la personne indexée, car cela restait soigneusement dressé à son insu, portant ainsi atteinte grave à la communion fraternelle. J'ai également eu bonne impression face au grand esprit d'entraide qui habitait ces populations au point où il me semblait donc nécessaire de jauger plus profondément la nature des interrogations qui animaient une si grande bienveillance. C'était en effet l'amour de soi et l'amour de l'autre que l'on voyait à l'œuvre et bien qu'une vague de penchants égoïstes arrivaient encore à trouver refuge dans les cœurs de certains. Le bon grain se devait alors d'être séparé de l'ivrai à moins que ce dernier n'eût choisi de manifester la plénitude de sa bonté charitable ; laquelle passait forcément par la joie d'un service sans murmure.

Une autre approche entreprise a permis de faire une incursion dans le cours de leurs relations amicales qui avaient l'air vraiment vivantes et enthousiasmantes. Mon émerveillement était continuellement issu du vent d'altruisme qui soufflait ici, ce qui entrainait la communauté dans de belles vagues harmonieuses en plongeant chacun particulièrement aux profondeurs de l'océan d'amour en expansion dans ce domicile. Le temps qui passait ne laissait pas ces amitiés dans un état stationnaire et de ce fait, son sens connaissait de véritables améliorations, mais aussi des déformations qui la défiguraient littéralement. Pendant que deux personnes de sexes opposés commencèrent à découvrir des points communs dans leur conduite en appréciant les différences dans le sens de la complémentarité, alors prit corps un autre niveau relationnel dans la richesse des différences fermement solidarisées par la magie complémentaire. L'amitié venait de donner naissance à l'amour, toute chose qui suscitait matière à réflexion. La simple affection qui avait régné jusque-là se trouvait enrichit d'attrait physique et imposait aux deux parties la rigueur d'une discipline exemplaire pour demeurer dans la félicité divine, car même si les verrous physiques n'existaient nulle part entre ces deux personnes, seule l'officialisation d'une union sacrée leur permettait d'ouvrir toute porte sans compromis d'ordre moral. Les uns osaient plus que les autres qui se lâchaient dans les passions d'une conduite jugée légère par les adeptes de la rigueur. L'amour endurait ainsi l'épreuve de l'impatience des humains qui n'hésitaient à le détruire par quelques minutes d'illusion. La haine venait ensuite en maitre pour faire valoir son insolence à tout le groupe des sans-patience qui se sont érigées contre l'amour. Toutefois l'amour, même à l'état vestigial, est resté bien vivant et ceux qui permettaient la survie du reliquat de cette flamme persécutée l'ont ravivée avec douceur et maitrise dans l'attente de l'union sacrée, le mariage.

CHAPITRE 9 : SOMMEIL ET RÉVEIL

Au soir de la journée que j'avais consacrée à l'observation sociologique du 2e domicile, plusieurs pensées faisaient leur bal dans mon esprit à tour de rôle et retenaient mon attention. Elles me trainaient dans le passé et projetaient un grand futur qui me semblait tellement étrange qu'il me priva de mon présent. La nuit venait de s'inviter dans le programme de cette contrée et vu le temps qui passait vite, l'heure du repos se rapprochait et me poussait avec constance dans le royaume de morphée. La fatigue et l'exténuation étaient au rendez-vous, mais mon esprit bien agité m'emprisonnait dans son éveil. Le besoin inlassable d'endormissement que je ressentais me faisait éprouver un moment d'entière frustration au service des bals d'idées qui se tramaient dans ma petite tête. Je me trouvais dans une situation en perte d'atouts et dans une espèce de dépossession de toute aptitude à Controller logiquement mes pensées. L'impression qui m'habitait était celle d'un dépouillement de toute maitrise de soi pour laisser place à toute une panoplie de caprices émotionnels. Ces derniers ne cessaient de s'alterner entre joie et peines jusqu'au moment où horrifié par l'insomnie, je pris la ferme résolution de donner immédiatement une discipline à mes pensées. Lâchant prise à toute pensée en l'observant sans jugement, j'étais figé sans trop d'efforts sur le cours naturel de ma respiration, puis, sans avoir conscience de l'instant précis de l'assoupissement, je me retrouvais les lendemains matin très en forme juste après mon réveil ce qui était bon signe pour la qualité du sommeil de la veille. La journée s'annonçait ordinairement belle avec son chapelet d'activités à égrener. L'acteur principal que j'étais semblait dans un premier temps vouloir se laisser aller à la belle hideur de la grasse matinée, mais le ressaisissement a été sans appel lorsque pensant à mon séjour dans ce territoire plutôt spécial, je revoyais des objectifs qui soupiraient dans l'attente de l'accomplissement et pourtant je vivais déjà les derniers jours de mon passage dans ce beau lieu. Il était donc question de maximiser le profit sur tous les derniers programmes à venir dans le but de combler d'éventuels et d'en ressortir solidement bâtit pour apporter du nouveau à mon domicile d'origine.

Les campagnes de christianisation dont l'organisation ici avait déjà arboré une certaine valeur traditionnelle se déployait assez souvent. Cet évènement doté d'une spécificité continuelle avait pour objet d'apporter au public du commun des mortels toutes les vérités éternelles acquises au quotidien dans les assemblées du 2e domicile. C'était une occasion inouïe de diffuser le message de la bonne nouvelle dans un contexte marqué par d'énormes distractions qui n'avaient jusque-là cessé de damer le pion à l'épanouissement intégral de celles-ci. Cet évènement n'était pas nouveau à mon entendement du fait qu'il avait lieu chaque année dans mon domicile d'origine. Cependant le grand enthousiasme envers celui-ci venait de mon ardent désir d'expérimenter des choses nouvelles ou tout au moins des façons nouvelles d'expérimenter des choses anciennes. Très tôt dans le cours de cette journée mémorable, un grand nombre d'équipe s'est mis en place dans le but d'étendre au maximum la surface de couverture par les messages authentiques enseignés dans le deuxième domicile. Chaque équipe constituée de deux personnes constituait ainsi une nouvelle étincelle qui jaillissait pour aller à la rencontre des cœurs avides pouvant laisser bruler la flamme de leur conversion. Un grand entrain animait presque toutes les personnes mobilisées pour cette circonstance de telle façon que certaines d'entre elles, personnes féminines en grande majorité poussaient des cris de joie comme si la victoire était déjà là. Cet élan émotionnel qui n'avait rien de véritablement pragmatique témoignait de la qualité et même de la force d'une foi aveugle qu'elles portaient dans leurs cœurs pour celui au service duquel elles se dévouaient si intensément. Si cette activité pouvait être comparée à un combat, être judicieux consisterait alors à dire que les uns et les autres de cette famille combattaient d'ores et déjà dans la victoire. Tous ces éclats d'humeur s'extériorisaient en prélude à l'arrivée du berger qui en sa qualité de directeur spirituel était chargé de conduire la prière d'ouverture et de bénir ses ouailles avant leur départ sur les places publiques et sur les parvis. C'est donc après ladite prière que par groupe de deux fidèles du deuxième domicile, a démarré le pèlerinage dans cette localité par ses besoins avérés de vérité. Puisque je n'étais officiellement dans le rang d'aucune équipe en particulier, il m'était facile de suivre quelques moments forts du travail de certaines d'entre elles. C'est ainsi que quelques heures après leur investissement effectif sur le terrain, j'ai pu noter que les stratégies mises en œuvre pour diffuser le message variaient assez subtilement d'une équipe à l'autre ce qui ce qui après intégration globale nous offrait trois systèmes de christianisation qui connaissaient un système plus ou moins éclatant auprès du grand public. Alors que j'appréciais encore la pertinence des systèmes déjà mentionnés plus haut, une situation carrément évènementielle se présenta sur mon chemin. Un groupe, lui aussi issu du deuxième domicile, se livrait précisément à une espèce de théâtralisation de la mission qui lui avait été confiée dès les premières heures de la journée. En effet, la femme et l'homme qui donnaient vie à ce groupe venaient tout juste de transformer une place publique (carrefour) en une scène de théâtre dans laquelle leurs discours violents invitants au changement s'érigeaient assez rapidement en trouble de jouissance qui n'a évidemment pas manqué de soulever sa foule de personnes mécontentes. Le moyen utilisé n'était en aucun cas expédient si l'on tenait rigoureusement l'effet recherché en compte. Ce lieu où une certaine misère créait un chao en présence d'un climat social sombre n'avait en réalité nul besoin plus important que celui-ci d'amour et de paix. Seul un discours empreint d'une grande prévenance était capable de sensibiliser en très grande profondeur la dureté de ces cœurs meurtris. Et pourtant en lieu et place de cet échange courtois, un prône impétueux allant même jusqu'à la limite du scandaleux a été proféré mettant rapidement sur le qui-vive la plupart des passants et des sédentaires qui étaient présents à ce carrefour pendant l'instant de vérité de ces agents de la christianisation. De ce fait, le message peinait automatiquement à passer et pour ceux qui semblaient l'avoir reçu, leurs réactions se trouvaient être des manifestations de l'effet contraire à ce que prévoyaient les propos de ces agents christianisateurs.

Une autre frange de ces agents avait de son côté choisi la campagne de proximité. Il s'agissait en effet d'effectuer un passage de porte à porte pour apporter et diffuser la bonne nouvelle au sein des lieux d'habitation. L'absence de neutralité du cadre donnait un certain avantage initial aux personnes à christianiser, car elles se trouvaient solidement ancrées dans leur zone de confort et s'opposaient d'entrée de jeu à toute sortie de celle-ci par un scepticisme au grand engouement des étrangers circonstanciels. Ces derniers étaient donc obligés de faire preuve d'une bienséance impeccable et d'opérer un choix rigoureux des mots à prononcer comme le ferait un poète engagé à transmettre avec émotion et passion le message de son poème. Lorsque les mots avaient déjà été délicatement choisis, et que leur utilisation fut elle aussi rigoureusement managée, il arrivait dans la plupart des cas que le message puisse rencontrer des cœurs réceptifs qui se laissaient presque instantanément envahir par cette bonne nouvelle que savaient si bien servir les agents christianisant. Toutefois, quelques incrédulités non négligeables ont été dénombrées au terme de la campagne grand public d'une part et de la stratégie de porte-à-porte d'autre part. Il s'agissait en général de personnes très avisées qui à cause de leur riche expérience de la vie et des états d'esprit humain avaient cessé d'être influencées par le simple pouvoir des paroles. Seuls certains actes remarquables avaient la capacité de leur être chers. Le système de christianisation qui a été proposé ici était celui utilisé depuis quelques années dans mon domicile d'origine. La méthode concernait tous les fidèles chercheurs de Dieu, chacun toujours un peu plus que l'autre, car d'éventuels manquements qui pouvaient être observés chez un tiers apparaissaient officiellement aux yeux de ces incrédules coriaces comme de nouveaux motifs d'incrédulité.

La responsabilité personnelle de chaque fidèle chercheur de Dieu était désormais engagée, ce qui tenait chacun à l'obligation d'adopter une conduite impeccable et à même d'agir ou d'influencer favorablement les résistances de tous ces incrédules coriaces qui hésitaient encore à étreindre le message de la christianisation.CHAPITRE 10 : COLORE ET DÉCOLORE EN TOUTE VÉRITÉ

En plein cœur de mon séjour dans le domicile jusque-là qualifié de deuxième par les seuls soins de mes mots, il me vient à l'esprit l'idée de reparcourir en pensée l'essentiel de tout ce qui avait déjà eu le mérite d'être fait. Et pendant que j'y songeais encore, je pus me rappeler que l'un des points phares de ma randonnée avait depuis le depuis été abandonné à la traine et il était désormais question d'y revenir avec emphase pour me rapprocher ardemment de l'atteinte des objectifs préalablement fixés.

Ma vie, avait depuis les premières heures passées dans ce lieu, été suffisamment comblées par d'innombrables activités spirituelles et parce que l'ultime période était amorcée, la logique exigeait donc d'ores et déjà que ce qui pouvait être qualifié à tort d'évaluation à mi-parcours soit fait, car la fin en elle-même n'était plus qu'à quelques travers de main de cet instant-là.

L'évaluation en question me donna de redécouvrir plus en profondeur les différents locaux qui m'avaient abrité ainsi que toutes les activités qui tiraient progressivement à leur fin. C'était alors le moment de découvrir ou tout au moins de redécouvrir l'aspect physique de toute la mosaïque architecturale qui servit de cadre à nos activités. Tout se faisait dans un étonnement certain du fait que tout semblait si nouveau dans cette demeure au sein de laquelle je passais carrément la plus grande partie de chacune de mes journées depuis mon arrivée. Toute chose qui pouvait trouver un élément de justification dans l'intensité avec laquelle se déroulaient les articulations des mêmes longues journées. Mieux valant tard que jamais, ce modeste travail le fond a été mis en machine pour une appréciation holistique de cet évènement qui avait déjà fait ses preuves dans le sens de l'effusion spirituelle et se devait de faire de même, car même si pour des êtres qualifiés de « spirituels » le domaine physique et charnel n'est considéré qu'avec répugnance, il faudrait aussi remarquer que l'esprit dont ils se vantent les mérites habite fièrement leur matrice corporelle.

Un bâti vraiment décoloré, voilà le visage que présentait la salle-cadre de nos activités, la chapelle du deuxième domicile. Mon regard qui depuis la naissance n'avait observé que de magnifiques joyaux architecturaux, quand il fallait parler d'église, manifestait ainsi tout un air de stupéfaction face à cette nouvelle réalité dans laquelle le spirituel avait damé de façon complète le pion à toute l'évidence de l'aspect physique. Le bâtiment qui dès la conception témoignait d'une grande ingéniosité technologique de la part du technicien agréé. Cependant, il n'avait reçu aucune touche particulière dans le sens de la correction des imperfections pendant les phases de finition. Toute chose qui laissait passer dans les idées d'un citoyen lambda des pensées selon lesquelles le maitre d'œuvre a réalisé son ouvrage et ne s'est même pas rendu compte qu'il s'agissait là de la maison de l'Éternel Dieu ; ce n'était évidemment que des pensées et il valait bien mieux éviter d'y penser de peur de leur trouver un fondement solide et à même d'entrainer d'éventuels motifs de crédibilité. Nous avons donc envisagé notre observation sous d'autres auspices et ce faisant, l'attention a été portée sur la décoration des lieux ; tout était vraiment simple et d'une beauté extraordinaire comme en n'en voit pas souvent dans le domicile qui m'avait accueilli depuis ma naissance ; en effet, la modestie du décor qui exécutait plus ou moins sa fonction d'embellissement de ce local se trouva davantage altérée par la morosité de la peinture murale qui par son manque d'éclat ne jouait pas en faveur du reste de la décoration en tant que matrice de base. Et de ce fait, même lorsque poussaient les plus éminents décorateurs connus dans cette région, la chapelle présentait presque toujours une piètre figure. Évoquer à cet instant la notion de figure a eu pour effet de nous conduire à un autre aspect de la décoration qui semblait complètement mis de côté dans ce domicile second pour des raisons qui sont certainement évoquées par la suite. Le dispositif ornemental mis en place ici ne laissait aucunement place à la moindre représentation artistique capable d'évoquer un souvenir ou une réalité quelconque (halte à l'idolâtrie). S'il était possible d'apprécier de façon remarquable un énorme crucifix en bois qui manquait toutefois de la symbolique du Jésus crucifié pour être complet, rien d'autre ne laissait présager qu'il s'agissait d'un temple du christianisme. En effet, toutes les figures, images et monuments que revêtaient toujours et fièrement les murs et alentour de mon domicile d'origine n'existaient presque pas même dans la pensée des habitants du deuxième domicile. À l'origine, la beauté des images et des monuments imprégnait positivement de la même façon les locataires des deux domiciles, cependant, au cours de l'enchainement des différents évènements et de l'idéalisation des croyances doctrinales, une nouvelle conception a été inculquée dans le système de foi de certains habitants et depuis lors, toute allusion ou illusion de représentation ne reçoit que de l'aversion de la part des citoyens du 2e domicile.

Cette exécration envers l'image venait directement d'une profonde peur de l'idolâtrie qui aurait capacité à offrir un ticket d'accès à la géhenne éternelle et paraissait alors être selon les autochtones du deuxième domicile un crime passionnel que commettaient fièrement et au quotidien les terriens de mon domicile d'origine. Voilà en quelque sorte l'une des raisons pour lesquelles le mur était tristement embelli et ne donnait de ce fait aucune possibilité d'égaiement de la décoration bien qu'étant faite laborieusement. Sorti de cet angle d'observation physique du bâtiment, le coup d'œil a rapidement été dirigé vers la qualité des places assises dont la valeur était très évidente à première vue. Des tables et chaises dignes des grandes salles de conférence étaient celles utilisées ici et même si cela ne changeait rien à la mélancolie des murs, aisément on pouvait constater un effet positif sur le grand décor général de la salle qui avait de ce fait une nouvelle coloration tout au moins d'un point de vue mobilier.

La grande envergure de l'autel était rehaussée par d'extraordinaires pupitres qui faisaient extrêmement plaisir à l'un parmi les nombreux sens que la science expressément choisit de nommer « vue ». Cette dernière en se projetant délicatement de l'autre côté de l'autel s'est soudainement retrouvée à être imprégnée par l'abondante instrumentation musicale qui le colonisait.

Ainsi donc ceux qui même après être passés par là pensaient n'avoir encore jamais aperçu de sérieux studios de production de toute leur vie devaient sans doute se recruter parmi ceux-là qui ignorent certainement les éléments à répertorier obligatoirement dans une telle structure.

Même si les instruments ordinaires d'un orchestre traditionnel de la musique classique fondamentale brillaient ici par leur absence, l'on dénombrait toutefois la panoplie des machines adaptées aux rythmes et styles musicaux dominants de cette chapelle dans sa culture. Une musique dotée d'une religiosité à tendance urbaine est bien celle qui prévalait ici de sorte que le commun des mortels se délectant des chansons dignes de l'épopée y trouvait difficilement leur compte. Ledit commun des mortels, fidèles à cette aumônerie nouvelle, avait une attitude sans pareille chaque fois qu'une autre merveille s'offrait à ce beau lieu sous couvert d'un évènement comme celui que nous vivions depuis quelques journées déjà.

La parole était diffusée et entrainait avec elle une effusion prodigieuse du Saint-Esprit qui animait désormais tout ce vaillant peuple de bonne volonté placée au sein d'un local laborieusement décoré jour après jour. Et pour ceux qui ne trouvaient aucune satisfaction dans la forme c'est-à-dire la qualité de la décoration, la bonne volonté des pasteurs ne se ménagère à aucun moment pour leur satisfecit fond de façon assez régulière ; alors pouvait régner et s'étendre la vérité dans ce peuple et son voisinage.

CHAPITRE 11 : EN TOUTE HYPOCRISIE ET DIEU SEUL DANS SA GLOIRE

Parler d'hypocrisie revient à soulever l'un des fléaux les plus récurrents dans le milieu des pratiques religieuses. Un phénomène tellement présent et en même temps si sournois que l'on en vient souvent à oublier son existence jusqu'à ce qu'il se redéploie une nouvelle fois de façon malencontreuse pour imprégner la société de son douloureux venin.

Praticiens de l'hypocrisie, tous les habitants de ces domaines se trouvent plongés chaque jour un peu plus à mesure que la loi des hommes, faisant preuve d'une véritable ascension d'obstination s'endurcit déraisonnablement ou se ramollit stupidement. L'hypocrisie en action se fabrique des adeptes dans les rares cas où la League des hypocrites aura manqué à sa mission de faire vivre et perdurer la gangrène sociale (hypocrisie).

La société dans laquelle je poursuivais mon séjour était un cercle qualifiable à tort ou à raison de religieux. Une sphère dans laquelle malgré les efforts répétés, pour promouvoir et vivifier la loi de Dieu, seuls des hommes connaissaient d'inquiétants niveaux de progressions =asphyxiant ainsi les bribes restantes de la loi de l'Éternel. Afin qu'elle satisfasse aux caprices égoïstes de la loi des hommes, celle de Dieu se constitua en un costume joliment agencé qu'arborait fièrement jour et nuit la loi des hommes pour singer la grandeur connue de la loi suprême.

Le chef-d'œuvre était humain et attribuable sans risque d'entrer dans une quelconque forme de supercherie aux leaders qui étaient censés être des guides, des lumières pour les peuples en quête perpétuelle de vérité. Tantôt étaient corrompus les esprits, tantôt étaient zélé les agissements, car s'il est vrai que la vérité se trouvait déjà dans un état suffisamment déformé, il importe également de noter que même les plus dévoués dans leur vie de foi sombraient innocemment dans un profond obscurantisme. Tout un ensemble d'explication pouvant servir de prétexte à ce chancre (fléau social) qui régnait jusque-là au sein de toutes ses aises dans de confus esprits ; lorsque j'y pense encore, toutes ces pensées qui me traversaient froidement l'esprit semblaient visiblement annoncer ma belle et riche expérience en compagnie de tous les constituants humains et matériels du deuxième domicile.

Depuis la nuit des temps, il a été toujours vrai que l'esprit humain vit perpétuellement dans une soif inextinguible des forces surnaturelles. Dans les plus sombres de ses jours ou même au sommet de la réussite socioprofessionnelle intégrale, le manque à combler se fait toujours plus pressant et il devient plausible d'observer sans étonnement aucun la grande ruée vers l'engagement religieux. Les confessions religieuses sont nombreuses et diversifiées, promettant pour les unes une félicité spirituelle à ses adeptes et pour les autres, les plus rares cette fois-ci, la démarche consiste à guider les disciples vers la vérité ou tout simplement de leur donner les moyens à mettre en œuvre individuellement vers la vérité et la trouver pour soi-même.

Tout mu par cet entrain à la recherche pour la découverte ou pour la redécouverte de l'essence du surnaturel, les peuples se rassembles et sectorisent autour d'un leader commun responsable de la plupart des directives à suivre absolument pour que la quête motivatrice se solde par une bien belle trouvaille.

C'est ainsi que dans l'un ou l'autre secteur, sont organisées des activités densément fournies pour contribuer à l'ascension spirituelle des résidents réguliers ou sympathisants. Au cours de celles-ci, de nouvelles connaissances, de nouvelles doctrines et de nouvelles visions sont inculquées dans la mémoire collective des présents et ceci leur sert de loi. Il est toujours assez difficile d'expérimenter des cas de figure qui donnent des pistes de recherche de la vérité individuelle par chaque participant. Et même s'il est encore quelque peu difficile de classer le fait de mon séjour au deuxième domicile dans l'un ou l'autre groupe, il demeurera toutefois important de relever que seules l'ampleur et la richesse des articulations l'ayant meublé ont pu avoir l'honneur de faire couler assez d'encre et de salive. Ce qui a fait apparaitre à l'ordre du jour le fameux problème de l'hypocrisie consciente ou inconsciente, volontaire ou imposée et enfin saine ou malsaine dans les conduites du peuple à l'écoute.

À la déclaration précédente, il serait judicieux de s'adonner à un questionnement visant à s'étonner face à l'éventualité d'une hypocrisie qui soit saine ? Fort heureusement, du fond de mon savoir en perpétuel enrichissement, je sais avoir l'intime conviction de ne rien connaitre à propos de la véracité de cette affirmation et pourtant des gens y croient et c'est ainsi. Sans vouloir m'attarder encore sur le concept de la sanctification d'un péché lorsqu'il est commis par une personnalité d'un haut rang, je me permettrais de relever ici des faits notables qui emprisonnent les bergers et leurs ouailles, en même temps qu'ils leur revêtent d'une personnalité double que l'on qualifie d'hypocrites en prenant soin de n'y accorder aucune marque d'affection même légère ; en effet, durant mon parcours en compagnie en compagnie des habitants du deuxième domicile dans ce lieu où se déroulait un évènement important, c'est pris l'heureuse peine d'écouter religieusement et de vivre minutieusement chacune des exhortations d'une part et chacun des exercices d'autre part ce qui de manière efficace et efficiente m'a doté d'une connaissance viscérale dans plus d'un des multiples domaines du monde humain.

La rigueur était omniprésente dans tous les enseignements avec pour but de graver en chacun des participants d'impeccables règles de conduite morale. Cependant, de place en place, au cœur de ce chapelet de leçons, une rigidité effroyable s'immisçait et créait de ce fait un horrible sentiment de crispation dans le grand entrain des cœurs des fidèles participants. La loi de Dieu qui était censée être véhiculée avec grâce et maitrise se noyait ainsi dans un excédent d'austérité, tout en perdant de son authenticité. Les auditeurs, désormais apeurés par tout ce rigorisme des préceptes, se sont retrouvés d'une seconde à une autre propriétaires d'énormes fardeaux excréments durs et lourds à trainer quotidiennement.

Dans une peine indicible, ils s'efforçaient à observer les grandes lignes de contenue de la loi au vu et au su de tous et relâchaient rapidement prise dès qu'ils se trouvaient dans la cachette de leur présence solitaire.

Victimes d'un enseignement rigoriste issu d'interprétations possiblement incorrectes ou non de l'authentique source, les apprenants de circonstance sont passés d'un modèle vie acceptable et vrai à un nouveau standard pénible et truffé de jésuitisme (fourberie). La loi des hommes étant aux prises avec celle de l'Éternel, il a été délicatement passé sous silence bénéficiant de cette dernière dans le plein épanouissement holistique des êtres humains. Ceci a eu pour effet de créer des hommes qui observaient la loi pour faire bonne figure à leur entourage. Et parmi ceux-ci, des fidèles connus pour leur proximité par rapport au berger adoptaient presque toujours une conduite impeccable dès qu'ils se trouvaient sur d'éventuelles scènes soupçonneusement observées par le commun des mortels. Mais tout ne cessait que là une méditation profonde autour de la raison d'être de ces attitudes nous a conduit vers un raisonnement délibéré pouvant paraitre choquant sans pour autant en souffrir, du point de vue de la crédibilité.

De fait, dans ces conduites irréprochables qu'adoptaient la plupart des fidèles, en présence de leurs semblables, mais qui ne semblaient pas se reproduire en situation de solitude, où seul le regard de Dieu omniprésent témoignait d'un certain niveau de considération accordé aux hommes, qui paraissait de loin supérieur à celui accordé à Dieu. La crainte des jugements d'humains était ainsi en train d'étouffer à grande vitesse dans son amour inconditionnel qui est source de vie. Le créateur bienveillant, connu pour être perpétuellement expressif et même au cœur de ses silences, siégeait toutefois dans sa grande gloire dans toute l'humanité éprise d'amour et de liberté pour vivre l'épanouissement à chaque instant de l'existence.

CONCLUSION

Le monde est une diversité constante, nous devons le savoir et l'accepter pour faire un bon chemin.

Printed by Books on Demand GmbH, Norderstedt / Germany